REZEPTE ZUM VERLIEBEN

Impressum

Bildnachweis:
Rita Newman: Cover, Seite 6, 8 (li. oben, re. unten), 40 (li. oben, re. unten), 42, 82 (li. oben, re. unten), 114, 116
Inge Prader: Seite 82 (li. unten), S 97 (und Umschlag hinten)
Kraft Foods: Seite 25, 27 (und Umschlag hinten), 45
Kai Schwabe Fotografie, Bremen: alle restlichen Fotos

PHILADELPHIA® ist eine **geschützte Marke der KRAFT FOODS Unternehmensgruppe und wird in Lizenz genutzt.**

Impressum:

ISBN: 978-3-7088-0549-8

Projektleitung: Birte Grimm, Susanne Ploil (Kraft Foods), Eva Manhardt (Verlag)
Korrektorat: Franz Ebner
Covergestaltung und Layout: Oskar Kubinecz
Druck und Bindung: Theiss GmbH, A-9431 St. Stefan

1. Auflage, März 2012

KRAFT PHILADELPHIA

REZEPTE ZUM VERLIEBEN

Frische Kochideen von Lisl Wagner-Bacher und Österreichs Hobbyköchinnen

kneipp verlag
WIEN

Inhalt

SÜSSES

REZEPTE ZUM VERLIEBEN
Vorwort von Lisl Wagner-Bacher

Liebe Kochbegeisterte,

ich freue mich, dass Sie dieses Kochbuch in Händen halten. PHILADELPHIA präsentiert Ihnen in diesem Buch Rezepte von Hobbyköchinnen, dem PHILADELPHIA-Team und von mir, die eines gemeinsam haben: das gewisse cremige Etwas, das PHILADELPHIA diesen Gerichten als Zutat verleiht. Kurz: Rezepte zum Verlieben!

Bereits seit einigen Jahren arbeite ich mit PHILADELPHIA zusammen und kreiere Rezepte rund um diese cremige Frischkäsezubereitung – stets unter dem Motto „Klassische österreichische Küche, neu interpretiert". Auch wenn ich mir von Anfang an sicher war, dass sich PHILADELPHIA bestimmt hervorragend für unsere heimische Küche eignet, so hat mich das Experimentieren damit mit jedem Versuch mehr überzeugt. Zum einen verleiht PHILADELPHIA Speisen eine unvergleichliche Cremigkeit. Zum anderen ist die Zubereitung mit PHILADELPHIA unschlagbar einfach und unkompliziert. Auch wer wenig Kochpraxis hat, sich aber etwa dennoch über Hausmannskost wie ein Paprikahuhn oder einen Kaiserschmarrn wagen möchte, kann einfach zum cremigen Allrounder PHILADELPHIA greifen und muss sich keine Sorgen mehr ums Gelingen machen.

Ich freue mich nun besonders, dass all meine Rezepte gemeinsam mit außerordentlich kreativen Rezepten von Hobbyköchinnen in diesem Kochbuch veröffentlicht wurden. Denn diese Freizeitköchinnen haben sich diese Auszeichnung unbedingt verdient. Unglaublich, wie viel Begeisterung und Potenzial bei den Österreicherinnen und Österreichern vorhanden sind, die sich bei PHILADELPHIA mit ihren selbst kreierten Rezepten beworben haben! Deren köstliche und durchwegs einfach zuzubereitende Rezepte treffen in diesem Buch auf Rezepte aus meiner Restaurant-Küche. Und als besonderes Gustostückerl verrate ich Ihnen einige meiner kleinen Tricks, die Ihren Gerichten eine besondere Raffinesse verleihen.

Nun wünsche ich Ihnen viel Spaß beim Schmökern und Nachkochen!

Ihre

Lisl Wagner-Bacher

KLEINES & FEINES

RÄUCHERLACHSROULADE MIT GARTENGURKE

von Lisl Wagner-Bacher

Zubereitung: 20 Min.
Kühlen: 3 Std. 45 Min.

Zutaten für 8 Scheiben:

2 Blatt Gelatine
175 g PHILADELPHIA
Kräuter Doppelrahmstufe
50 g Kren (Glas)
1 EL Zitronensaft
1 Salatgurke
240 g Räucherlachs
(in breiten Scheiben)
Frischhaltefolie

Mein Tipp:
Legt man die Räucherlachsroulade auf eine in der gleichen Größe ausgestochene Scheibe angerösteten Toastbrots, kann man sie auch als Fingerfood servieren.

Zubereitung:

1. Gelatine in kaltem Wasser 5 Minuten einweichen. PHILADELPHIA und Kren glatt rühren, mit Zitronensaft, Salz und Pfeffer abschmecken.

2. Gelatine gut ausdrücken. Mit 1 bis 2 EL der PHILADELPHIA-Creme in einem Topf unter Rühren erwärmen, bis sich die Gelatine vollständig gelöst hat. Mit der restlichen PHILADELPHIA-Creme glatt rühren. Im Kühlschrank ca. 45 Minuten stocken lassen.

3. Gurke schälen, längs halbieren und die Kerne mit einem Löffel auskratzen. Gurkenhälften mit der PHILADELPHIA-Creme üppig füllen und aufeinanderlegen.

4. Geschnittenen Räucherlachs nebeneinander, leicht überlappend, auf Frischhaltefolie legen, der Lachs muss die Gurke mindestens einmal komplett umhüllen. Gefüllte Gurke daraufsetzen und mit Hilfe der Frischhaltefolie einrollen. Mindestens 3 Stunden kühlen. Folie entfernen, Roulade mit einem scharfen Messer in Scheiben schneiden und z.B. zu einem Salat servieren.

Pro Scheibe: ca. 427 kJ / 102 kcal, E 8 g, F 7 g, KH 2 g

ROASTBEEFRÖLLCHEN
MIT LAUWARMEM EIERSCHWAMMERLSALAT

von Lisl Wagner-Bacher

Zubereitung: 35 Min.
Kühlen: 3 Std.

Zutaten für 4 Portionen:

1,5 Blatt Gelatine
175 g PHILADELPHIA
Liptauer mild
150 g gebratenes Roastbeef
(in dünnen Scheiben)
200 g Eierschwammerl
75 ml weißer Balsamico-Essig
4 EL Olivenöl
2 EL Staubzucker (gehäuft)
1 TL Salz
100 g Salatmischung
1 Baguette
Frischhaltefolie

Pro Portion: ca. 1674 kJ / 400 kcal,
E 24 g, F 11 g, KH 52 g

Zubereitung:

1. Gelatine in kaltem Wasser 5 Minuten einweichen. Gut ausdrücken und mit 2 EL PHILADELPHIA in einem Topf unter Rühren erwärmen, bis sich die Gelatine gelöst hat. Mit dem restlichen PHILADELPHIA glatt rühren.

2. Roastbeefscheiben nebeneinander, evtl. leicht überlappend, auf Frischhaltefolie legen. PHILADELPHIA-Creme auf das Roastbeef streichen und mit Hilfe der Frischhaltefolie einrollen. 3 Stunden kalt stellen.

3. Eierschwammerl waschen und in kochendem Wasser kurz blanchieren. Balsamico-Essig, Olivenöl, 150 ml Wasser, Staubzucker und Salz zu einer Marinade anrühren und über die Eierschwammerl gießen. 10 Minuten stehen lassen.

4. Inzwischen Roastbeefröllchen mit einem scharfen Messer portionieren. Salat waschen, trocken schleudern, mundgerecht zerzupfen und auf vier Tellern anrichten. Eierschwammerl und jeweils 2 EL der Marinade auf den Salat geben und die Roastbeefröllchen darauf anrichten. Baguette dazu reichen.

PARADEISER ST. LUCIA

von Lucie Ellmer, 4822 Bad Goisern, Oberösterreich

Zubereitung: 20 Min.

Zutaten für 4 Portionen:

4 Paradeiser (mittelgroß)
100 g Rucola
175 g PHILADELPHIA
Natur Balance
1/2 Eisbergsalat (ca. 200 g)
1 Bund Schnittlauch
2 EL Olivenöl
4 Schalotten
4 Scheiben Bauernbrot

Zubereitung:

1. Von den Paradeisern das obere Viertel abschneiden. Strunk entfernen, den Rest des Viertels in Würfel schneiden. Paradeiser aushöhlen. Rucola hacken oder fein schneiden. PHILADELPHIA mit gut einem Viertel Rucola verrühren und die Paradeiser mit der Creme füllen.

2. Salat in feine Streifen, Schnittlauch in Röllchen schneiden. Bei Bedarf etwas salzen, übrigen Rucola und Paradeiserwürfel zufügen und Salat mit Olivenöl mischen. Auf Tellern anrichten, gefüllte Paradeiser daraufsetzen. Schalotten hacken oder in Würfel schneiden und darüberstreuen. Nach Belieben mit Gewürzsalz (z.B. für Tomaten-Mozzarella) bestreuen. Knuspriges Bauernbrot dazu reichen.

Pro Portion: ca. 1017 kJ / 243 kcal, E 10 g, F 11 g, KH 26 g

GRÜNER SALAT MIT KERNÖL-DRESSING

von Lisl Wagner-Bacher

Zubereitung: 10 Min.

Zutaten für 4 Portionen:

50 g PHILADELPHIA
Natur Balance
4 EL weißer Balsamico-Essig
3 EL Maiskeimöl
3 TL Kürbiskernöl
1 EL Staubzucker (gehäuft)
1 TL Salz
200 g Salatmischung
4 Scheiben Schwarzbrot

Zubereitung:

1. PHILADELPHIA, Balsamico-Essig, 100 ml Wasser, Maiskeim- und Kürbiskernöl cremig aufschlagen. Mit Staubzucker und Salz abschmecken.

2. Salat waschen, trocken schleudern, mundgerecht zerzupfen und auf vier Tellern anrichten. Dressing auf den Salat geben und mit Brot servieren.

Pro Portion: ca. 992 kJ / 237 kcal, E 5 g, F 13 g, KH 25 g

LAUWARMER ERDÄPFELSALAT
MIT RÄUCHERFORELLE

von Lisl Wagner-Bacher

Zubereitung: 45 Min.
Marinieren: 30 Min.

Zutaten für 4 Portionen:

600 g Erdäpfel (z.B. Kipfler)
250 ml klare Suppe
2 EL Weinessig
4 EL Olivenöl
1 EL Senf (z.B. Dijonsenf)
1 TL Salz
175 g PHILADELPHIA
Natur Doppelrahmstufe
1 EL Estragonsenf
2 Forellenfilets (geräuchert)

Zubereitung:

1. Kipfler ca. 20 Minuten kochen. Inzwischen Suppe erwärmen. 200 ml mit Essig, Olivenöl, Dijonsenf und Salz gut verrühren. Die gekochten Kipfler schälen, in Scheiben schneiden und noch warm mit der Mischung marinieren. Mindestens 30 Minuten ziehen lassen.

2. PHILADELPHIA mit den verbliebenen 50 ml Suppe und Estragonsenf cremig rühren. Nach Belieben mit Salz und Pfeffer abschmecken. Die marinierten Erdäpfel mit der PHILADELPHIA-Creme auf vier Tellern anrichten. Forellenfilets in Stücke schneiden und darüberlegen.

Mein Tipp:
Garprobe für Erdäpfel: Stechen Sie mit einer Gabel hinein. Die Knollen sind durch, wenn sie von der Gabel rutschen.

Pro Portion: ca.1234 kJ / 295 kcal, E 13 g, F 16 g, KH 24 g

KAROTTENCREMESUPPE

Zubereitung: 30 Min.

Zutaten für 4 Portionen:

1 Stück Ingwer
(ca. walnussgroß)
500 g Karotten
700 ml klare Gemüsesuppe
200 g PHILADELPHIA
Natur Balance
1 kleiner Apfel
1 Baguette

Zubereitung:

1. Ingwer schälen und halbieren. Karotten schälen, in Würfel schneiden und mit dem Ingwer ca. 20 Minuten in der Gemüsesuppe weich kochen, anschließend den Ingwer entfernen.

2. Karotten in der Gemüsesuppe pürieren. PHILADELPHIA in die Suppe geben und bei milder Hitze unter Rühren schmelzen lassen. Bei Bedarf mit Salz und Pfeffer abschmecken.

3. Apfel schälen und in kleine Stücke schneiden. Die Suppe auf vier Teller verteilen. Apfelstücke auf die Suppe geben, anschließend sofort mit Baguette servieren.

Pro Portion: ca. 1920 kJ / 459 kcal, E 16 g, F 9 g, KH 77 g

CREMIGE KRÄUTERSUPPE

von Christa Schnattinger, 1220 Wien

Zubereitungszeit: 40 Min.

Zutaten für 4 Portionen:

30 g frische Kräuter
(z.B. Schnittlauch,
Basilikum, Thymian)
2 Zwiebeln
2 TL Butter
900 ml klare Gemüsesuppe
175 g PHILADELPHIA
Natur Doppelrahmstufe
1 EL Speisestärke (leicht gehäuft)
2 EL Milch
1 Baguette

Zubereitung:

1. Kräuter abzupfen, grob hacken oder schneiden. Zwiebeln hacken oder in Würfel schneiden. Butter in einem Topf zerlassen, Zwiebeln zugeben und 2 Minuten andünsten. Suppe und Kräuter zugeben, kurz aufkochen und abgedeckt bei schwacher Hitze 20 Minuten garen.

2. Topf vom Herd nehmen. Suppe mit dem Stabmixer pürieren. PHILADELPHIA zugeben und bei milder Hitze unter Rühren in der Suppe schmelzen lassen.

3. Stärke und Milch glatt rühren. Unter ständigem Rühren mit dem Schneebesen zur Suppe geben und eindicken lassen. Die Suppe nach Belieben mit Schnitlauchröllchen bestreuen und mit knusprigem Baguette servieren.

Pro Portion: ca. 1602 kJ / 383 kcal, E 11 g, F 15 g, KH 52 g

ZWIEBELSUPPE

Zubereitung: 25 Min.

Zutaten für 4 Portionen:

500 g Zwiebeln
1 TL Butter
1 EL Speisestärke
1 l klare Gemüsesuppe
175 g PHILADELPHIA
Natur Balance
1 kleines Baguette
2 EL Parmesan (gerieben)
1/2 Bund Petersilie

Zubereitung:

1. Zwiebeln in Streifen schneiden, in Butter andünsten und mit Speisestärke bestäuben. Mit Gemüsesuppe ablöschen, salzen und pfeffern und 10 Minuten bei geringer Hitze köcheln lassen.

2. PHILADELPHIA in die Suppe geben und bei milder Hitze unter Rühren schmelzen lassen, dabei nicht mehr aufkochen.

3. Baguette aufschneiden. 8 Scheiben auf dem Toaster rösten, anschließend in Würfel schneiden. Suppe auf vier Suppentassen verteilen, mit gerösteten Baguettewürfeln, Parmesan und gehackter Petersilie bestreut servieren. Das übrige Baguette zur Suppe reichen.

Pro Portion: ca. 1305 kJ / 312 kcal, E 14 g, F 9 g, KH 43 g

KÜRBISSUPPE MIT PARMESANCHIPS

Zubereitung: 35 Min.

Zutaten für 4 Portionen:

1 kg Hokkaido-Kürbis
1 Zwiebel
1 TL Butter
1 l klare Gemüsesuppe
75 g Parmesan
175 g PHILADELPHIA
Natur Doppelrahmstufe
1 Baguette

Zubereitung:

1. Kürbis halbieren, Kerne und Fasern entfernen und das Fruchtfleisch in Stücke schneiden. Zwiebel fein schneiden und in einem großen Topf in Butter andünsten. Kürbisstücke und Gemüsesuppe dazugeben und ca. 20 Minuten kochen, bis der Kürbis weich ist.

2. Parmesan mit der Küchenreibe grob raspeln oder mit einem Sparschäler in grobe Späne hobeln. In einer beschichteten Pfanne zu 8 kleinen Bergen aufhäufen und ohne Öl 5 Minuten anrösten. In der Pfanne abkühlen lassen.

3. Suppe pürieren und PHILADELPHIA bei milder Hitze unter Rühren darin schmelzen lassen, dabei nicht mehr aufkochen. Die Suppe salzen und pfeffern, mit Parmesanchips anrichten und mit Baguette servieren.

Unser Tipp:
Der Hokkaido-Kürbis muss nicht geschält werden. Die Schale ist essbar und gibt der Suppe eine wunderbar orangerote Farbe.

Pro Portion: ca. 1874 kJ / 448 kcal, E 19 g, F 18 g, KH 52 g

KLEINE KÜRBISKUCHEN

von Lisl Wagner-Bacher

Zubereitung: 35 Min.
Backen: 20 Min.

Zutaten für 10 Stück:

400 g Kürbis
(z.B. Hokkaido oder Muskat)
5 Scheiben Toastbrot
1 Schalotte
30 g Speckwürfel
5 Eier
75 g Butter (zimmerwarm)
100 g PHILADELPHIA
Natur Doppelrahmstufe
1 Prise Kümmel (gemahlen)
10 Blatt Strudelteig
(Fertigteig aus dem Kühlregal)

Mein Tipp:
Wer keine passenden oder nicht ausreichend Soufflé-formen oder Tassen hat, kann die Kürbiskuchen auch in gut gefetteten Muffinformen backen. Lässt man den Speck weg, dann sind die Küchlein ein herrliches vegetarisches Gericht.

Zubereitung:

1. Kürbis schälen, entkernen, raspeln und einsalzen, damit die Flüssigkeit austritt. Toastbrot entrinden und würfeln. Schalotte schälen und fein würfeln. Speckwürfel in einer Pfanne auslassen, Schalotte dazugeben und anschwitzen.

2. Backofen auf 190 °C (Umluft) vorheizen. Eier trennen. Eidotter mit Butter schaumig schlagen. PHILADELPHIA zugeben und unterschlagen. Mit Toastbrotwürfeln, gut ausgedrücktem Kürbis und Schalotten-Speck-Mischung vermengen. Mit Kümmel, Salz und Pfeffer würzen. Eiklar mit 1 Prise Salz steif schlagen und unter die Masse heben.

3. Souffléformen oder Tassen gut ausbuttern. Strudelteig in 10 Teigkreise mit einem Durchmesser von je ca. 17 cm ausstechen, ein kleiner Topf hat z.B. diese Größe. Förmchen mit Strudelteig auslegen und mit der Kürbismasse füllen. Strudelteig oben zusammenschlagen. Im Backofen ca. 20 Minuten goldbraun backen.

Pro Stück: ca. 895 kJ / 214 kcal, E 7 g, F 13 g, KH 16 g

PIKANTER PHILADELPHIA-AUFSTRICH

von Anna Gruber, 3100 Waitzendorf, Niederösterreich

Zubereitung: 15 Min.

Zutaten für 6 Portionen:

3 Eier
1 grüner Paprika
5 kleine Essiggurken
100 g Schinken (geräuchert)
175 g PHILADELPHIA
Kräuter Doppelrahmstufe
2 EL Milch

Zubereitung:

1. Eier hart kochen. Paprika halbieren, entkernen und in feine Würfel schneiden. Eier, Gurken und Schinken ebenfalls in Würfel schneiden.

2. Alle Zutaten mit PHILADELPHIA und Milch oder Gurkenwasser cremig rühren. Nach Belieben zusätzlich mit Salz und Pfeffer würzen. Dazu passt kräftiges Brot, z.B. Schwarzbrot.

Pro Portion: ca. 573 kJ / 137 kcal, E 9 g, F 10 g, KH 2 g

GEROLLTES ZWIEBELBROT MIT PHILADELPHIA

Zubereitung: 10 Min.
Backen: 20 Min.

Zutaten für 4 Portionen:

1 Pizzateig
(gekühltes Fertigprodukt)
175 g PHILADELPHIA
Kräuter Balance
1 rote Zwiebel (in Ringen)

Zubereitung:

1. Backofen auf 180 °C (Umluft) vorheizen. Pizzateig ausrollen, mit PHILADELPHIA bestreichen und mit Zwiebelringen belegen.

2. Den Teig von der kurzen Seite aufrollen und auf ein mit Backpapier ausgelegtes Backblech legen.

3. Teigrolle der Länge nach dreimal tief einschneiden und ca. 20 Minuten im Ofen backen.

Pro Portion: ca. 1227 kJ / 293 kcal, E 10 g, F 9 g, KH 41 g

ERDNUSSCRACKER

von Wilgard Haller, 6094 Axams, Tirol

Zubereitung: 15 Min.

Zutaten für 40 Stück:

200 g Erdnüsse (gesalzen)
175 g PHILADELPHIA
Natur Doppelrahmstufe
2 EL Milch
Pfeffer (z.B. Cayennepfeffer)
Currypulver
40 Cracker
Spritzsack

Zubereitung:

1. Erdnüsse im Cutter fein zerkleinern und mit PHILADELPHIA und Milch cremig rühren. Alternativ Erdnüsse, PHILADELPHIA und Milch mit dem Stabmixer pürieren.

2. PHILADELPHIA-Erdnusscreme mit Pfeffer und Currypulver abschmecken. In einen Spritzsack mit großer Sterntülle füllen und auf die Cracker dressieren.

Pro Stück: ca. 230 kJ / 55 kcal, E 2 g, F 4 g, KH 3 g

KRÄUTER-SCHINKEN-DIP MIT PAPRIKA

Zubereitung: 20 Min.

Zutaten für 6 Portionen:

2 Jungzwiebeln
2 Paprika (rot und gelb)
1 Karotte
350 g PHILADELPHIA
Kräuter Balance (2 Pkg. à 175 g)
125 g Lachsschinken
1 Zuckermelone
6 Grissini

Zubereitung:

1. Gemüse putzen, Jungzwiebeln in Ringe, Paprika und Karotte in feine Würfel schneiden. PHILADELPHIA mit den Jungzwiebeln, Paprika- und Karottenwürfeln cremig rühren und nach Belieben mit Salz und Pfeffer würzen.

2. Lachsschinken in Würfel schneiden und unter die PHILADELPHIA-Creme rühren.

3. Melone halbieren, Kerne entfernen und anschließend in Spalten schneiden. Dip mit Melonenspalten und Grissini servieren.

Unser Tipp:
Der Dip eignet sich auch zum Füllen von Paradeisern.

PHILADELPHIA

Pro Portion: ca. 761 kJ / 182 kcal, E 11 g, F 8 g, KH 16 g

GRATINIERTE SPINAT-CHAMPIGNONS

von Lisl Wagner-Bacher

Zubereitung: 20 Min.
Backen: ca. 15 Min.

Zutaten für 4 Portionen:

250 g Blattspinat
(frisch oder tiefgekühlt, aufgetaut)
2 TL Butter
1 Prise Muskatnuss
1 EL Pinienkerne
100 g PHILADELPHIA
Kräuter Doppelrahmstufe
12 große Champignons
2 EL Parmesan (gerieben)

Zubereitung:

1. Blattspinat kurz in Butter andünsten, mit Muskatnuss und Salz würzen. In ein Sieb geben, abtropfen und auskühlen lassen. Danach grob hacken.

2. Pinienkerne in einer Pfanne ohne Fett rösten. Mit Spinat und PHILADELPHIA vermengen, eventuell nachwürzen.

3. Backofen auf 175 °C (Umluft) vorheizen. Champignons putzen, Stiele abtrennen. Spinat-PHILADELPHIA-Masse in die Champignonköpfe füllen und mit Parmesan bestreuen. In einer gefetteten feuerfesten Form ca. 15 Minuten im Ofen backen.

Mein Tipp:
Dazu schmeckt knuspriges Baguette.

Pro Portion: ca. 602 kJ / 144 kcal, E 9 g, F 11 g, KH 2 g

PHILADELPHIA

HAUPTSPEISEN

ERDÄPFELOMELETT MIT LIPTAUER

von Lisl Wagner-Bacher

Zubereitung: 50 Min.

Zutaten für 4 Portionen:

200 g Erdäpfel (speckig)
4 Eier
100 g Schlagobers
1 Prise Muskatnuss
2 TL Butterschmalz
175 g PHILADELPHIA
Liptauer mild
Spritzsack

Zubereitung:

1. Erdäpfel schälen, halbieren oder vierteln und in leicht gesalzenem Wasser gar kochen.

2. Eier trennen. Schlagobers und Eidotter mit dem elektrischen Handmixer aufschlagen. Erdäpfel pressen und dazugeben. Mit Salz, Pfeffer und Muskatnuss würzen. Damit die Masse ganz fein wird, durch ein Sieb streichen. Ist die Masse zu fest, mit Milch oder Obers verdünnen – die Konsistenz soll dickflüssig zwischen Omelett und Püree liegen.

3. In einer heißen beschichteten Pfanne Butterschmalz zergehen lassen, den Teig portionsweise eingießen und stocken lassen, bis sich oben kleine Bläschen bilden. Nicht wenden.

4. Vorsichtig auf Teller gleiten lassen. PHILADELPHIA mittig mit einem Spritzsack ca. 1 cm dick aufspritzen und Omelett vorsichtig darüber einschlagen.
   Dazu schmeckt ein kleiner Pilzsalat, lauwarmer Schweinsbraten oder Geselchtes.

Pro Portion: ca. 1054 kJ / 252 kcal, E 8 g, F 20 g, KH 10 g

ERDÄPFEL-LAUCH-AUFLAUF MIT SCHINKEN

Zubereitung: 35 Min.
Backen: 15 Min.

Zutaten für 4 Portionen:

1250 g Erdäpfel (speckig)
1/2 Stange Lauch
1 EL Öl
1 EL Mehl
300 ml klare Gemüsesuppe
175 g PHILADELPHIA
Natur Doppelrahmstufe
160 g Rohschinken (in Scheiben)

Zubereitung:

1. Erdäpfel in leicht gesalzenem Wasser kochen, anschließend schälen. Lauch putzen und in Ringe schneiden. In einer Pfanne in heißem Öl kurz anbraten. Mit Mehl bestäuben und mit Gemüsesuppe ablöschen. Kurz aufkochen lassen.

2. Hitze reduzieren, PHILADELPHIA zugeben und unter Rühren schmelzen lassen.

3. Backofen auf 180 °C (Umluft) vorheizen. Die gekochten Erdäpfel in Spalten schneiden und abwechselnd mit dem Schinken in eine Auflaufform schichten. PHILADELPHIA-Lauchgemüse darübergeben und den Erdäpfel-Lauch-Auflauf ca. 15 Minuten im Ofen backen.

Pro Portion: ca. 1623 kJ / 388 kcal, E 17 g, F 16 g, KH 52 g

ERDÄPFELRÖSTI MIT LAUCH UND ERBSEN

Zubereitung: 45 Min.
Ruhen: 30 Min.

Zutaten für 12 Rösti:

800 g Erdäpfel (mehlig)
1 Stange Lauch
70 g Erbsen
(frisch oder tiefgekühlt)
175 g PHILADELPHIA
Schnittlauch Balance
2 Eier
2 EL Mehl
4 TL Olivenöl

Zubereitung:

1. Erdäpfel 10 Minuten in Salzwasser nicht ganz gar kochen. Abgießen, schälen und grob reiben. Lauch putzen und in feine Scheiben schneiden. Erbsen 2 bis 3 Minuten in kochendem Wasser blanchieren. Mit dem Lauch zu den geriebenen Erdäpfeln geben. Nach Belieben mit etwas Salz und Pfeffer würzen.

2. PHILADELPHIA und Eier verrühren, zur Erdäpfel-Gemüse-Mischung geben und vermengen. Jeweils 1 EL der Mischung zu einem flachen Fladen formen und 30 Minuten ruhen lassen.

3. Erdäpfelrösti mit Mehl bestäuben und 4 bis 5 Minuten von jeder Seite in einer beschichteten Pfanne im heißen Öl braten. Nach Belieben mit frischem Schnittlauch garnieren und servieren.

Pro Rösti: ca. 427 kJ / 102 kcal, E 4 g, F 5 g, KH 11 g

KOHLROULADEN MIT COUSCOUS-FÜLLUNG

von Erika Strieder, 6020 Innsbruck, Tirol

Zubereitung: 35 Min.
Garen: 20 Min.

Zutaten für 4 Portionen:

1 Zwiebel
1 Knoblauchzehe
100 g Couscous (Instant)
175 g PHILADELPHIA
Natur Balance
1 EL Petersilie (gehackt)
50 g Walnüsse (gehackt)
1/2 TL Koriander (gemahlen)
1/2 TL Currypulver
1 Kopf Kohl
25 g Butter
250 ml klare Suppe
2 EL Zitronensaft

Zubereitung:

1. Zwiebel hacken oder in Würfel schneiden, Knoblauch fein hacken oder pressen. Couscous nach Packungsanweisung zubereiten. Mit PHILADELPHIA, Zwiebel, Knoblauch, Petersilie und Walnüssen vermischen, mit Koriander, Currypulver und Salz würzen.

2. Kohlblätter einzeln vom Kopf lösen. 12 große Blätter 3 bis 5 Minuten in kochendem Salzwasser blanchieren, mit kaltem Wasser abschrecken und gut abtropfen lassen. Die dicken Stiele aus den Kohlblättern herausschneiden.

3. Je einen gehäuften Esslöffel der Couscous-Füllung auf die Kohlblätter geben. Die durch das Ausschneiden der Blattstiele entstandenen Blattzipfel über die Füllung klappen. Kohlblätter seitlich einschlagen und aufrollen.

4. Backofen auf 200 °C (Umluft) vorheizen. Butter in einer Pfanne erhitzen. Rouladen portionsweise von beiden Seiten anbraten, bis sie leicht gebräunt sind. In eine Auflaufform geben, mit Suppe und Zitronensaft übergießen und im Ofen ca. 20 Minuten garen.

Pro Portion: ca. 1377 kJ / 329 kcal, E 13 g, F 19 g, KH 26 g

CRÊPES MIT PARADEISFÜLLUNG

von Lisl Wagner-Bacher

Zubereitung: 20 Min.
Ruhen: 15 Min.
Backen: 15 Min.

Zutaten für 4 Portionen:

3 Eier
4 EL Mehl (leicht gehäuft)
175 ml Milch
4 Scheiben Toastbrot
4 mittelgroße Paradeiser
1/2 Kugel Mozzarella (ca. 60 g)
1 Bund Rucola
175 g PHILADELPHIA
Natur Balance
4 TL Öl

Mein Tipp:
Bei Crêpes empfiehlt sich, immer eine Probe-Crêpe zu machen, um zu testen, ob der Teig die richtige Konsistenz hat.

Zubereitung:

1. Für die Crêpes 2 Eier und Mehl zu einem dicken Teig anrühren, Milch dazugießen und aufrühren. 15 Minuten rasten lassen.

2. Inzwischen für die Füllung 1 Ei trennen. Toastbrot entrinden, Paradeiser vierteln und entkernen. Toastbrot, Paradeiser und Mozzarella würfeln, Rucola grob zerkleinern. Mit Eidotter und PHILADELPHIA gut vermengen und kräftig mit Salz und Pfeffer würzen.

3. Für jede Crêpe 1 TL Öl in einer Pfanne heiß werden lassen. Teig dünn in die Pfanne gießen, leicht anbraten lassen und wenden. Crêpe herausstürzen, 15 Minuten abkühlen lassen.

4. Backofen auf 180 °C (Umluft) vorheizen. PHILADELPHIA-Füllung auf die Crêpes geben, einschlagen und 12 bis 15 Minuten backen.

Pro Portion: ca. 1473 kJ / 352 kcal, E 16 g, F 19 g, KH 28 g

PAPRIKA-SALAMI-FLAMMKUCHEN

Zubereitung: 10 Min.
Backen: 15 Min.

Zutaten für 4 Portionen:

2 Zwiebeln
2 EL Honig
650 g Tomatenpaprika (Glas)
1 Pizzateig
(Fertigteig aus dem Kühlregal)
175 g PHILADELPHIA
Kräuter Doppelrahmstufe
60 g Salami
(in hauchdünnen Scheiben)

Zubereitung:

1. Backofen auf 200 °C (Ober- und Unterhitze) vorheizen. Zwiebeln in Ringe schneiden, mit Honig vermischen und einige Minuten marinieren. Tomatenpaprika abtropfen lassen und in feine Streifen schneiden.

2. Pizzateig halbieren und beide Hälften auf einem Stück Backpapier zu dünnen Rechtecken ausrollen. Mit PHILADELPHIA bestreichen und auf zwei Backbleche legen.

3. Bestrichene Teigböden mit den marinierten Zwiebeln, Paprika und der Salami belegen. Im Ofen ca. 15 Minuten backen, bis der Boden knusprig goldbraun ist. In vier Portionen teilen und genießen.

Pro Portion: ca. 1866 kJ / 446 kcal, E 16 g, F 16 g, KH 59 g

ZUCCHINITASCHERL

von Lisl Wagner-Bacher

Zubereitung: 30 Min.

Zutaten für 4 Portionen:

3 Zucchini
40 ml Olivenöl
50 g Mehl
1 Ei
50 g Semmelbrösel
1 Paradeiser
125 g PHILADELPHIA
Kräuter Doppelrahmstufe

Zubereitung:

1. Zucchini der Länge nach in 3 mm starke Bänder (ca. 16 Stück) schneiden. In der Pfanne jeweils 4 Bänder in 1 TL Olivenöl leicht anbraten, beiseitestellen und abkühlen lassen.

2. Je einen Teller mit Mehl, verquirltem Ei und Semmelbröseln vorbereiten.

3. Für die Füllung Paradeiser mit kochendem Wasser blanchieren, häuten, entkernen und in kleine Würfel schneiden. PHILADELPHIA und Paradeiserwürfel mischen. Jeweils einen Klecks auf die Zucchinibänder geben und diese zum Dreieck einschlagen. Tascherl wie Schnitzel mit Mehl, Ei und Bröseln panieren. 1 EL Öl in der Pfanne erhitzen und im heißen Öl 8 Tascherl zusammen ausbacken. Erneut 1 EL Öl erhitzen und die restlichen 8 Tascherl ausbacken.

Pro Portion: ca. 1289 kJ / 308 kcal, E 9 g, F 19 g, KH 24 g

CHAMPIGNON-SPINAT-RISOTTO

Zubereitung: 25 Min.

Zutaten für 4 Portionen:

1 Stange Lauch
1 EL Öl
300 g Risottoreis
1 l klare Gemüsesuppe
250 g Champignons
100 g Blattspinat
175 g PHILADELPHIA
Natur Balance

Unser Tipp:
Sie können frischen oder tiefgekühlten Blattspinat verwenden. Frischen Spinat einfach waschen und von den Stängeln befreien. Tiefgekühlten Blattspinat auftauen und vor der Verwendung im Rezept gut ausdrücken. Für die besondere Note: Wenn Sie das Risotto mit 100 ml Weißwein ablöschen und dann nach und nach mit der entsprechend reduzierten Menge Gemüsesuppe zubereiten, schmeckt es besonders aromatisch.

Zubereitung:

1. Lauch putzen und in Ringe schneiden. In einer beschichteten Pfanne in heißem Öl anbraten. Risottoreis dazugeben und schmoren, bis er leicht glasig wird.

2. Mit 100 ml Gemüsesuppe ablöschen. Übrige Suppe nach und nach dazugeben, sodass der Reis die Flüssigkeit stets zügig aufnehmen kann. Nach Belieben mit Salz und Pfeffer würzen. Weiter köcheln, bis der Reis bissfest gegart ist.

3. Champignons putzen und in Scheiben schneiden. Mit dem Spinat zum Risotto geben und kurz mitgaren. PHILADELPHIA bei milder Hitze im Risotto schmelzen lassen und anschließend sofort genießen.

Pro Portion: ca. 1837 kJ / 439 kcal, E 14 g, F 13 g, KH 66 g

PILZFLECKERL

von Lisl Wagner-Bacher

Zubereitung: 20 Min.

Zutaten für 4 Portionen:

300 g Pilze
(Steinpilze oder Champignons)
400 g Fleckerl
1 EL Butter
175 g PHILADELPHIA
Kräuter Doppelrahmstufe

Zubereitung:

1. Pilze blättrig schneiden. Fleckerl in reichlich kochendes Salzwasser geben und 6 bis 8 Minuten kernig kochen. Abseihen und abtropfen lassen, dabei 100 ml Nudelwasser auffangen oder vorher abnehmen.

2. Inzwischen Pilze in Butter anbraten. 100 ml Nudelwasser zu den Pilzen geben. PHILADELPHIA zufügen und bei milder Hitze unter Rühren schmelzen lassen.
   Mit den Fleckerln anrichten und genießen.

Pro Portion: ca. 2038 kJ / 487 kcal, E 16 g, F 15 g, KH 70 g

SPAGHETTI IN ZUCCHINIRAHM

von Michaela Koschier, 8401 Kalsdorf, Steiermark

Zubereitung: 30 Min.

Zutaten für 4 Portionen:

1 Zucchini
1 Stange Lauch
400 g Spaghetti
2 EL Öl
175 g PHILADELPHIA
Kräuter Doppelrahmstufe
150 ml klare Gemüsesuppe

Zubereitung:

1. Zucchini grob raspeln. Lauch putzen, halbieren und In Scheibchen schneiden. Spaghetti nach Packungsanweisung zubereiten.

2. Öl in der Pfanne erhitzen. Lauch und Zucchinistreifen anbraten. PHILADELPHIA zugeben und bei milder Hitze unter Rühren in der Pfanne schmelzen lassen. Mit der Suppe auf die gewünschte Konsistenz verdünnen. Mit Salz und Pfeffer abschmecken. Mit den Spaghetti anrichten und nach Belieben mit frisch gehackter Petersilie bestreuen.

Pro Portion: ca. 2197 kJ / 525 kcal, E 17 g, F 18 g, KH 73 g

LASAGNE RAPIDO

von Christine Endrich, 6833 Weiler, Vorarlberg

Zubereitung: 15 Min.
Backen: 20 Min.
Ruhen: 10 Min.

Zutaten für 5 Portionen:

300 g Faschiertes vom Rind
Paprikapulver
3 EL Mehl (gehäuft)
750 ml Rindsbouillon
4 EL Tomatenmark
1 Dose Tomatenstücke (ca. 400 g)
1 TL Zucker
1 Handvoll frische Kräuter (z.B. Basilikum, Oregano, gehackt)
300 g Hörnchen-Nudeln
175 g PHILADELPHIA Natur Doppelrahmstufe
50 g Parmesan (gerieben)

Zubereitung:

1. Backofen auf 175 °C (Umluft) vorheizen. Faschiertes ohne Fett im Topf anbraten. Mit Salz, Pfeffer, Paprika und nach Belieben etwas Curcuma würzen und mit Mehl bestäuben. Rindsbouillon aufgießen, Tomatenmark und Tomaten zugeben. Kurz aufkochen lassen, mit Salz, Pfeffer und Zucker kräftig abschmecken und die gehackten Kräuter dazugeben.

2. Die Hälfte der Hörnchen-Nudeln in eine mittlere Auflaufform füllen, die Hälfte der Sauce darübergeben und die Hälfte des PHILADELPHIA teelöffelweise darauf verteilen. Mit einem Hauch Parmesan bestreuen.

3. Eine weitere Lage in der gleichen Reihenfolge schichten und mit dem restlichen Parmesan abschließen. Lasagne ca. 20 Minuten im Ofen garen und ca. 10 Minuten bei abgeschaltetem, aber leicht geöffnetem Ofen nachziehen lassen.

Pro Portion: ca. 2059 kJ / 492 kcal, E 27 g, F 19 g, KH 53 g

TAGLIATELLE MIT GRÜNEM SPARGEL

Zubereitung: 20 Min.

Zutaten für 4 Portionen:

1 Bund grüner Spargel
(ca. 500 g)
1 Zwiebel
2 TL Öl
175 g PHILADELPHIA
Kräuter Balance
350 g Tagliatelle
(oder breite Bandnudeln)

Zubereitung:

1. Spargel im unteren Drittel schälen, holzige Enden abschneiden. In 3 bis 4 cm lange Stücke schneiden.

2. Zwiebel in Würfel schneiden und im Öl andünsten. Spargel zugeben und 1 Minute garen. PHILADELPHIA einrühren und bei milder Hitze unter Rühren schmelzen lassen, nicht aufkochen. Nach Belieben mit etwas Pfeffer abschmecken.

3. Tagliatelle nach Packungsanweisung in Salzwasser zubereiten. Ist die PHILADELPHIA-Sauce zu dickflüssig, etwas Nudelwasser zugeben. Tagliatelle abgießen, zur Sauce geben und gut unterheben. Nach Belieben mit frischen Kräutern, z.B. Basilikum oder Petersilie, bestreuen.

Pro Portion: ca. 1732 kJ / 414 kcal, E 16 g, F 10 g, KH 64 g

PIKANTE FLEISCHLAIBCHEN

Zubereitung: 10 Min.
Grillen: 15 Min.

Zutaten für 6 Stück:

1 Zwiebel
600 g Faschiertes vom Rind
1 Ei
5 EL Semmelbrösel
1 EL Senf
100 g PHILADELPHIA
Kräuter Balance

Zubereitung:

1. Zwiebel in feine Würfel schneiden. Faschiertes mit Zwiebelwürfeln, Ei, Semmelbröseln und Senf vermischen, mit Salz und Pfeffer kräftig würzen.

2. Aus der Masse sechs Laibchen formen. Die Laibchen in der Mitte eindrücken und mit je 1 TL PHILADELPHIA füllen, mit etwas Faschiertem sorgfältig verschließen.

3. Fleischlaibchen auf dem heißen Grill ca. 15 Minuten grillen, dabei wenden. Mit Baguette oder einem knackigen Salat genießen.

Unser Tipp:
Außerhalb der Grillsaison können Sie die Fleischlaibchen auch in einer Pfanne in heißem Öl braten. Dafür die Fleischlaibchen vor dem Braten in Semmelbröseln wälzen.

Pro Stück: ca. 1017 kJ / 243 kcal, E 24 g, F 12 g, KH 11 g

PAPRIKAHUHN

von Lisl Wagner-Bacher

Zubereitung: 30 Min.

Zutaten für 4 Portionen:

1 kg Hühnerteile nach Wahl
(z.B. 1 große Brust, 2 Keulen)
2 EL Butterschmalz
3 Paprika (rot, gelb, grün)
4 Schalotten
1 Knoblauchzehe
1 EL Paprikapulver (edelsüß)
250 ml Hühnersuppe
1 TL Tomatenmark
125 g PHILADELPHIA
Natur Balance

Mein Tipp:
Statt der einzelnen Hühnerteile können Sie auch ein ganzes Huhn kaufen.
Vor dem Anbraten vierteln und die Brustknochen auslösen.

Zubereitung:

1. Hühnerteile salzen und mit Haut in 1 EL heißem Butterschmalz von allen Seiten anbraten. 7 Minuten in der Pfanne ziehen lassen. Danach die Haut abziehen.

2. Inzwischen für die Sauce Paprika mit einem Sparschäler schälen, halbieren und entkernen. Schalotten und Knoblauch fein schneiden und anrösten, grüne Paprika in Stücke schneiden und zum Schluss mitrösten. Paprikapulver bei kleiner Hitze einrühren und mit Hühnesuppe aufgießen. Tomatenmark dazugeben und aufkochen, Hitze reduzieren.

3. PHILADELPHIA in der Sauce schmelzen lassen. Sauce mit einem Stabmixer pürieren. Mit Salz und nach Belieben etwas Zitronensaft abschmecken. Hühnerteile in die heiße Sauce legen und 5 Minuten ziehen lassen.

4. Gelbe und rote Paprika in kleine Rauten schneiden und in 1 EL Butterschmalz langsam braten, bis sie fast weich sind. In die Sauce geben. Paprikahuhn nach Belieben mit etwas Schnittlauch bestreuen und mit gekochten Bandnudeln servieren.

Pro Portion: ca. 1527 kJ / 365 kcal, E 41 g, F 19 g, KH 7 g

PUTENROULADEN FRANÇAIS

Zubereitung: 30 Min.

Zutaten für 4 Portionen:

4 kleine Putenschnitzel
(je ca. 150 g)
4 Scheiben Serrano-Schinken
100 g PHILADELPHIA
Natur Doppelrahmstufe
1 Zucchini
1 gelber Paprika
1 EL Öl
1 Dose Tomaten (ca. 400 g)
300 g Tagliatelle
Zahnstocher

Zubereitung:

1. Putenschnitzel salzen, pfeffern und mit Serrano-Schinken belegen. Mit PHILADELPHIA bestreichen, aufrollen und mit Zahnstochern fixieren.

2. Zucchini und Paprika putzen und in Würfel schneiden. Putenrouladen in einer beschichteten Pfanne in heißem Öl anbraten. Zucchini, Paprika und Tomaten dazugeben, Tomaten leicht zerdrücken und bei milder Hitze ca. 20 Minuten köcheln lassen.

3. Inzwischen Tagliatelle nach Packungsanweisung zubereiten. Putenrouladen und Gemüse in Tomatensauce mit Tagliatelle anrichten und servieren.

Pro Portion: ca. 2397 kJ / 573 kcal, E 52 g, F 14 g, KH 56 g

CREMIGES ANANAS-PUTENCURRY

von Jennifer Friedl, 1210 Wien

Zubereitung: 25 Min.

Zutaten für 4 Portionen:

2 Karotten
2 Paprika (gelb und rot)
1 kleine Stange Lauch
300 g Putenbrustfilet
2 EL Öl
1 Dose Ananas
(in Stücken, ca. 560 g)
175 g PHILADELPHIA
Natur Doppelrahmstufe
2 TL Currypulver

Zubereitung:

1. Karotten schälen und grob raspeln. Paprika halbieren, entkernen und in Streifen schneiden. Lauch putzen und in Ringe schneiden. Putenbrustfilet in Stücke schneiden.

2. Öl in der Pfanne erhitzen, Putenfleisch rundherum anbraten. Lauch und Paprika zufügen und 3 bis 4 Minuten mitbraten, Karotten zugeben.

3. Ananas mit Saft hinzufügen, weitere 3 Minuten köcheln lassen. PHILADELPHIA zugeben und bei milder Hitze unter Rühren schmelzen lassen. Mit Salz, Pfeffer und Currypulver abschmecken.

Mein Tipp:
Dazu schmecken Reis oder knuspriges Brot.

Pro Portion: ca. 1686 kJ / 403 kcal, E 23 g, F 17 g, KH 38 g

SCHWEINSFILET MIT ROTWEINZWETSCHKEN

Zubereitung: 15 Min.
Garen: 25 Min.

Zutaten für 4 Portionen:

250 g Wildreismischung
1 Schweinsfilet (ca. 500 g)
200 g Dörrzwetschken
1 EL Öl
50 ml Rotwein
200 ml klare Gemüsesuppe
175 g PHILADELPHIA
Natur Doppelrahmstufe

Zubereitung:

1. Ofen auf 180 °C (Umluft) vorheizen. Wildreismischung nach Packungsanweisung zubereiten.

2. Mit einem langen Messer vorsichtig in der Mitte des Schweinsfilets einen Tunnel einstechen. Dörrzwetschken in das Schweinsfilet drücken. Das Filet leicht salzen und pfeffern. Im heißen Öl kurz von allen Seiten scharf anbraten, anschließend für ca. 25 Minuten im Ofen garen.

3. Übrige Zwetschken vierteln, im Bratfett kurz anbraten und mit Rotwein ablöschen. Gemüsesuppe hinzufügen, einige Minuten köcheln lassen und nach Belieben mit Salz und Pfeffer abschmecken.

4. PHILADELPHIA hinzufügen und bei milder Hitze unter Rühren schmelzen lassen, dabei nicht mehr aufkochen. Schweinsfilet in ca. 2 cm dicke Scheiben schneiden und mit der PHILADELPHIA-Zwetschkensauce und Reis servieren.

Pro Portion: ca. 2690 kJ / 643 kcal, E 37 g, F 18 g, KH 77 g

SCHWEINSROULADEN AUF KRÄUTERNUDELN

Zubereitung: 20 Min.
Garen: 10 Min.

Zutaten für 4 Portionen:

4 Schweinsschnitzel (à 125 g)
100 g Marillen (getrocknet)
175 g PHILADELPHIA
Kräuter Balance
3 TL Olivenöl
300 g Eiernudeln
(oder Spaghetti)
3 Jungzwiebeln
2 EL Sojasauce
1 TL frischer Ingwer (gerieben)
1 EL Petersilie (gehackt)
Frischhaltefolie
Küchengarn

Zubereitung:

1. Backofen auf 180 °C (Umluft) vorheizen. Schweinsschnitzel mit Frischhaltefolie abdecken und mit einem Nudelholz flach walzen. Nach Belieben salzen und pfeffern.

2. Marillen hacken, mit PHILADELPHIA vermischen und auf die Schweinsschnitzel streichen. Schnitzel aufrollen und mit Küchengarn fest zubinden.

3. 2 TL Öl in einer ofenfesten Pfanne erhitzen. Schweinsrouladen ca. 5 Minuten anbraten. In den Ofen stellen und 10 Minuten garen.

4. Inzwischen Nudeln nach Packungsanweisung zubereiten. Jungzwiebeln putzen und in Ringe schneiden. Nudeln abgießen und mit Sojasauce, 1 TL Öl, Ingwer, Jungzwiebeln und Petersilie vermischen. Schweinsrouladen aus dem Ofen nehmen, Küchengarn entfernen. Rouladen in Scheiben schneiden und mit den Nudeln anrichten.

Pro Portion: ca. 2418 kJ / 578 kcal, E 43 g, F 14 g, KH 68 g

ZITRONENNOCKERL

von Lisl Wagner-Bacher

Zubereitung: 15 Min.

Zutaten für 4 Portionen:

1 Zitrone (unbehandelt)
20 g Butter
175 g PHILADELPHIA
Natur Doppelrahmstufe
20 g Mehl
(am besten griffiges)
1 Ei
1 EL Semmelbrösel
(leicht gehäuft)

Zubereitung:

1. Zitrone halbieren, Schale einer Hälfte abreiben und den Saft auspressen.

2. Butter in einem kleinen Topf schmelzen lassen. Geschmolzene Butter, Zitronensaft, Zitronenschale und übrige Zutaten gründlich zusammenmischen.

3. Mit einem nassen Esslöffel Nockerl ausstechen. In kochendes Wasser geben und ca. 3 Minuten ziehen lassen (nicht sprudelnd kochen).

4. Die Nockerl auf Tellern, z. B. mit Fisch (siehe Tipp), anrichten.

Mein Tipp:
Zitronennockerl und Fisch passen wunderbar zusammen. Probieren Sie 125 g Forellenfilet pro Person, in Butter leicht angebraten.
Noch leichter lassen sich die Nockerl ausstechen, wenn der Esslöffel in heißes Wasser getaucht wird.

Pro Portion: ca. 879 kJ / 210 kcal, E 5 g, F 17 g, KH 10 g

LACHS AUF PHILADELPHIA-PARADEISER-TAGLIATELLE

von Catrin Neumayer, 5020 Salzburg

Zubereitung: 30 Min.

Zutaten für 4 Portionen:

6 Paradeiser (groß)
350 g Lachsfilet
(frisch oder tiefgekühlt)
3 EL Zitronensaft
3 EL Olivenöl
350 g Tagliatelle
(oder breite Bandnudeln)
175 g PHILADELPHIA
Natur Balance
1 TL Suppengewürz
1 Handvoll Basilikum

Mein Tipp:
Die Sauce wird noch feiner, wenn Sie die Paradeiser enthäuten: kreuzweise einritzen, mit kochendem Wasser übergießen, abschrecken und die Haut abziehen.

Zubereitung:

1. Paradeiser vierteln, entkernen und in Würfel schneiden. Lachsfilet mit Zitronensaft beträufeln und mit Salz und Pfeffer würzen. 2 EL Olivenöl in einer Pfanne erwärmen und Lachsfilets bei mäßiger Hitze von beiden Seiten braten, anschließend warm halten.

2. Tagliatelle nach Packungsanweisung zubereiten. Inzwischen 1 EL Olivenöl in einer Pfanne erhitzen. Paradeiserwürfel anbraten und mit 1 Kelle Kochwasser von den Nudeln aufgießen. PHILADELPHIA zugeben und bei milder Hitze unter Rühren schmelzen lassen. Mit Salz, Pfeffer und Suppengewürz abschmecken.

3. Tagliatelle zur Sauce geben und untermengen. Auf vier Teller verteilen. Lachs portionieren und anrichten, mit frischem Basilikum bestreuen.

Pro Portion: ca. 2364 kJ / 565 kcal, E 35 g, F 17 g, KH 66 g

SÜSSES

MOUSSE MIT FRISCHEN ERDBEEREN UND ORANGENSABAYON

von Lisl Wagner-Bacher

Zubereitung: 30 Min.
Kühlen: 2 Std. 20 Min.

Zutaten für 6 Portionen:

2 Blatt Gelatine
100 ml Orangensaft
50 g Zucker
250 g PHILADELPHIA Joghurt Balance
125 g Schlagobers
500 g Erdbeeren
3 Eier

Mein Tipp:
Für das Warmschlagen über Wasserdampf setzen Sie eine passende Schüssel auf einen Topf mit köchelndem Wasser; dabei darf die Schüssel das Wasser nicht berühren. Ist die Schüssel robust genug, können Sie für das Aufschlagen auch den elektrischen Handmixer nutzen. Und Vorsicht: Wasserdampf ist sehr heiß!

Zubereitung:

1. Gelatine in kaltem Wasser 5 Minuten einweichen. Gut ausdrücken und mit 50 ml Orangensaft und Zucker unter Rühren erwärmen, bis sich die Gelatine gelöst hat. Zum PHILADELPHIA geben und cremig aufschlagen, 20 Minuten kalt stellen.

2. Wenn die Mousse zu stocken beginnt, 75 g Schlagobers aufschlagen. Mousse einmal durchrühren und Obers gleichmäßig unterheben. Erdbeeren putzen und halbieren oder vierteln. In Gläser füllen, Mousse darübergeben und 2 Stunden kühlen.

3. Vor dem Servieren für den Schaum die Eier trennen. 50 g Schlagobers, 50 ml Orangensaft und die Eidotter in eine Schüssel geben und über Wasserdampf vorsichtig warm schlagen. Nicht zu heiß werden lassen, sonst bindet der Eidotter zu schnell. So lange schlagen, bis die Masse schön schaumig ist. Schaum auf die PHILADELPHIA-Mousse geben und genießen.

Pro Portion: ca. 975 kJ / 233 kcal, E 7 g, F 15 g, KH 17 g

PHILADELPHIA-TIRAMISU

von Bianca Schöch, 6845 Hohenems, Vorarlberg

Zubereitung: 20 Min.
Kühlen: 2 Std.

Zutaten für 6 Portionen:

350 g PHILADELPHIA
Natur Doppelrahmstufe
(2 Pkg. à 175 g)
150 g Joghurt (1 % Fett)
2 Pkg. Vanillezucker
1 EL Zucker
100 ml Espresso
(oder starker Kaffee,
abgekühlt)
5 EL Amaretto
120 g Biskotten
1 TL Kakaopulver

Zubereitung:

1. PHILADELPHIA, Joghurt, Vanillezucker und Zucker mit dem elektrischen Handmixer cremig aufschlagen. Espresso und Amaretto mischen, 7 EL der Mischung in die PHILADELPHIA-Creme rühren.

2. Biskotten portionsweise in die Espresso-Amaretto-Mischung tauchen. Den Boden einer größeren Form oder 6 passende Portionsgläser mit einer Lage Biskotten auslegen. Die Hälfte der PHILADELPHIA-Creme darauf verteilen.

3. Eine weitere Lage getränkte Biskotten und PHILADELPHIA-Creme einschichten.
Tiramisu mindestens 2 Stunden kühlen.
Vor dem Servieren mit Kakaopulver bestreuen.

Pro Portion: ca. 1209 kJ / 289 kcal, E 5 g, F 15 g, KH 28 g

EIERLIKÖRCREME AUF WEICHSELN

von Anna Haunschmid, 3311 Zeillern, Niederösterreich

Zubereitung: 15 Min.
Kühlen: 1 Std.

Zutaten für 6 Portionen:

175 g PHILADELPHIA
Joghurt Balance
2 EL Zucker
9 EL Eierlikör
1 EL Zitronensaft
150 g Schlagobers
1 Glas Weichseln
(abgetropft ca. 350 g)

Zubereitung:

1. PHILADELPHIA, Zucker, Eierlikör und Zitronensaft cremig rühren. Schlagobers nicht ganz steif schlagen und unterheben, Creme 1 Stunde kühlen.

2. Weichseln gut abtropfen lassen. In sechs Gläser verteilen. Creme über die Weichseln geben und nach Belieben mit einem Blättchen Zitronenmelisse garnieren.

Pro Portion: ca. 912 kJ / 218 kcal, E 4 g, F 13 g, KH 21 g

BEERENGRATIN

von Lisl Wagner-Bacher

Zubereitung: 10 Min.
Backen: 5 Min.

Zutaten für 4 Portionen:

2 Eier
175 g PHILADELPHIA Natur Balance
2 EL Staubzucker (gehäuft)
400 g Beeren (z.B. Himbeeren, Heidelbeeren, Erdbeeren; frisch oder tiefgekühlt, angetaut)

Zubereitung:

1. Backofen auf 175 °C (Oberhitze) vorheizen. Eier trennen, PHILADELPHIA mit Eidotter cremig aufschlagen.

2. Eiklar zu einem festen Schnee schlagen, Staubzucker dabei einrieseln lassen. Unter die PHILADELPHIA-Masse heben.

3. Beeren und Gratin-Masse in feuerfeste Teller oder Formen geben. Im oberen Ofendrittel ca. 5 Minuten backen, bis die Masse zu bräunen beginnt.

Mein Tipp:
In einem Umluftherd backen Sie das Beerengratin im oberen Ofendrittel zunächst 5 Minuten bei vorgeheizten 150 °C und anschließend ca. 1 Minute bei hochgeschalteter Grill- bzw. Maximaltemperatur.

Pro Portion: ca. 870 kJ / 208 kcal, E 8 g, F 9 g, KH 24 g

PHILADELPHIA-NOCKERL

von Margit Seebacher, 9020 Klagenfurt, Kärnten

Zubereitung: 15 Min.
Kühlen: 4 Std.

Zutaten für 6 Portionen:

4 Blatt Gelatine
1 Zitrone
175 g PHILADELPHIA Joghurt Balance
200 g Joghurt (1 % Fett)
80 g Zucker
1 Pkg. Vanillezucker
150 g Schlagobers

Zubereitung:

1. Gelatine in kaltem Wasser 5 Minuten einweichen. Zitrone halbieren, Saft einer Hälfte auspressen. Mit PHILADELPHIA, Joghurt, Zucker und Vanillezucker cremig rühren.

2. Gelatine leicht ausdrücken und tropfnass in einem kleinen Topf bei schwacher Hitze unter Rühren auflösen. Unter die PHILADELPHIA-Creme rühren.

3. Schlagobers steif schlagen und unterheben. PHILADELPHIA-Creme mindestens 4 Stunden kühlen. Mit einem Esslöffel Nockerl ausstechen und nach Belieben auf einem Spiegel aus passierten, gezuckerten Erdbeeren oder Himbeeren anrichten.

Pro Portion: ca. 858 kJ / 205 kcal, E 5 g, F 12 g, KH 19 g

SÜSSE GRIESSKNÖDEL

von Lisl Wagner-Bacher

Zubereitung: 25 Min.
Ruhen: 30 Min.

Zutaten für 4 Portionen (ca. 20 Knödel):

1 Ei
175 g PHILADELPHIA Natur Balance
80 g Semmelbrösel
25 g Grieß
30 g Butter
3 TL Zucker

Zubereitung:

1. Das Ei mit dem elektrischen Handmixer schaumig aufschlagen. Mit PHILADELPHIA, 25 g Semmelbröseln und Grieß verrühren. Die Masse 30 Minuten rasten lassen.

2. In einem größeren Topf reichlich Wasser mit 1 bis 2 Prisen Salz zum Kochen bringen. Hitze reduzieren. Mit leicht angefeuchteten Fingern ca. 20 kleine Knödel formen und im Wasser 10 Minuten leicht köcheln lassen (nicht sprudelnd kochen).

3. Inzwischen Butter in einer Pfanne erhitzen. Restliche 55 g Semmelbrösel und Zucker zugeben und unter ständigem Rühren goldbraun rösten. Auf einen Teller geben und die gegarten Knödel darin wälzen. Dazu schmeckt Marillen- oder Zwetschkenröster.

Mein Tipp:
Die Knödel dürfen beim Garen im Wasser ruhig ein wenig „zipfelig" werden. Ihre runde Form bekommen sie beim späteren Wenden und Nachformen in den Butter-Zucker-Bröseln. Eine Vanilleschote im Kochwasser gibt den Knödeln ein besonders feines Aroma. Formt man die Knödel mit Hilfe eines Eislöffels, bekommen sie eine besonders schöne Form.

Pro Portion: ca. 1059 kJ / 253 kcal, E 8 g, F 13 g, KH 25 g

SCHMARRN MIT MARILLENRÖSTER

von Lisl Wagner-Bacher

Zubereitung: 30 Min.

Zutaten für 6 Portionen:

4 Eier
300 g PHILADELPHIA Natur Doppelrahmstufe
4 EL Mehl
1 Prise Salz
4 EL Zucker
2 TL Butter
800 g Marillen
250 ml Marillensaft
1 TL Speisestärke
2 EL Staubzucker

Zubereitung:

1. Backofen auf 160 °C (Umluft) vorheizen. Eier trennen. PHILADELPHIA, Mehl, Salz und Eidotter zu einem glatten Teig verrühren. Eiklar steif schlagen, Zucker dabei einrieseln lassen. Unter den Teig heben.

2. Butter in einer heißen Pfanne mit ofenfestem Griff erhitzen und den Teig ca. 4 cm hoch eingießen. Pfanne in den Backofen stellen und den Schmarrn ca. 20 Minuten backen, bis die Oberfläche leicht gebräunt ist.

3. Inzwischen für den Marillenröster Marillen schälen, entkernen und zerkleinern. Speisestärke in 1 EL kaltem Wasser anrühren. Marillensaft in einem Topf erwärmen und mit Stärke binden. Marillenstücke dazugeben und auf kleiner Flamme ca. 3 Minuten köcheln lassen.

4. Fertigen Schmarrn mit 2 Gabeln zerreißen. Marillenröster mit dem Schmarrn anrichten und mit etwas Staubzucker bestreut servieren.

Mein Tipp:
Die Marillen vor dem Schälen kurz in kochendes Wasser legen und kalt abspülen. So löst sich die Schale leichter vom Fruchtfleisch.

Pro Portion: ca. 1393 kJ / 333 kcal, E 10 g, F 18 g, KH 32 g

GEBACKENE PHILADELPHIA-TORTE

Zubereitung: 30 Min.
Backen: 50 Min.
Kühlen: 2 Std.

Zutaten für 16 Stück:

150 g Biskotten
100 g Butter
525 g PHILADELPHIA Natur Doppelrahmstufe (3 Pkg. à 175 g)
125 g Zucker
2 EL Zitronensaft
Mark einer Vanilleschote
3 Eier

Zubereitung:

1. Backofen auf 180 °C (Umluft) vorheizen. Biskotten in einen Gefrierbeutel füllen, Beutel verschließen und den Inhalt mit einem Nudelholz oder den Händen vollständig zerbröseln.

2. Butter schmelzen, mit den Bröseln vermischen und in eine mit Backpapier ausgelegte Springform drücken.

3. PHILADELPHIA, Zucker, Zitronensaft und das Mark der Vanilleschote mit dem elektrischen Handmixer vermengen. Nach und nach die Eier einrühren.

4. Creme in die Springform füllen. Die Torte für ca. 50 Minuten im Ofen backen, anschließend gut auskühlen lassen.

Pro Stück: ca. 912 kJ / 218 kcal, E 4 g, F 15 g, KH 17 g

PHILADELPHIA-SCHNITTEN

von Monika Schneider, 3423 St. Andrä-Wördern, Niederösterreich

Zubereitung: 25 Min.
Kühlen: 3 Std.

Zutaten für 15 Stück (1 Backblech):

1 Biskuitboden
(z.B. 1 Wiener Boden aus dem Fertigkuchenregal, siehe Tipp)
1 Zitrone
350 g PHILADELPHIA
Natur Doppelrahmstufe
(2 Pkg. à 175 g)
5 EL Gelierzucker (gehäuft)
300 g Schlagobers
5 Blatt Gelatine
375 g Früchte
(frisch oder tiefgekühlt)

Mein Tipp:
Ein Wiener Boden ist ein runder Tortenboden, der bereits in 3 Lagen vorgeschnitten wurde. Zu Vierecken zugeschnitten, lässt sich mit einem Wiener Boden ein ganzes Backblech im Rechteck füllen. Mit einem Backrahmen um den Biskuitboden können Sie die Masse exakt bis zum Rand streichen.

Zubereitung:

1. Biskuitböden auf eine geeignete Platte oder ein Backblech auslegen. Dazu die Böden zu größtmöglichen Vierecken zuschneiden, ein Viereck halbieren, alle zu einer Fläche auslegen.

2. Zitrone halbieren, Saft einer Hälfte auspressen. PHILADELPHIA, Zitronensaft und Gelierzucker mit dem elektrischen Handmixer cremig aufschlagen. Schlagobers steif schlagen und unter die PHILADELPHIA-Creme heben. Masse auf den Biskuitboden streichen und bis zur weiteren Verwendung kalt stellen.

3. Gelatine in kaltem Wasser 5 Minuten einweichen. Früchte mit dem Stabmixer fein pürieren. Gelatine gut ausdrücken und mit 5 EL Fruchtpüree unter Rühren erwärmen, bis sich die Gelatine gelöst hat. Restliches Fruchtpüree unterrühren. Masse auf die PHILADELPHIA-Schicht streichen und 3 Stunden kühlen. In Stücke schneiden und genießen.

Pro Stück: ca. 1013 kJ / 242 kcal, E 4 g, F 12 g, KH 30 g

DUNKLE SCHWARZWÄLDER KIRSCHTORTE

Zubereitung: 45 Min.
Kühlen: 3 Std.

Zutaten für 16 Stück:

150 g Biskotten
125 g Butter
5 EL Kakaopulver
3 EL Kirschwasser
2 große Gläser Weichseln (entkernt)
2 Pkg. Tortenguss
4 EL Zucker
525 g PHILADELPHIA mit Milka (3 Pkg. à 175 g)
300 g Joghurt
1 Prise Salz
6 Blatt Gelatine
20 g Milka Weiße Schokolade

Pro Stück: ca. 983 kJ / 235 kcal,
E 4 g, F 12 g, KH 27 g

Zubereitung:

1. Biskotten in einen Gefrierbeutel füllen, Beutel verschließen und den Inhalt mit einem Nudelholz oder den Händen vollständig zerbröseln. Butter schmelzen, mit den Bröseln und dem Kakao vermischen und in eine mit Backpapier ausgelegte Springform drücken. Kirschwasser über den Boden träufeln.

2. Weichseln abtropfen lassen, Saft auffangen. Weichseln in der Springform verteilen, sodass der Boden bedeckt ist. Restliche Weichseln für die Dekoration aufheben.

3. Tortenguss mit Zucker mischen und mit 250 ml Kirschsaft und 250 ml Wasser glatt rühren. Unter Rühren zum Kochen bringen, kurz aufkochen. Guss über die Weichseln geben und gut verteilen, anschließend die Springform kalt stellen.

4. PHILADELPHIA mit Joghurt und 1 Prise Salz mit dem elektrischen Handmixer vermengen.

5. Gelatine in 150 ml kaltem Wasser 10 Minuten einweichen. Unter Rühren erwärmen, bis sich die Gelatine gelöst hat. Zügig unter die PHILADELPHIA-Creme rühren. Creme in die Springform füllen und die Torte für 3 Stunden kühlen. Vor dem Servieren mit geraspelter weißer Schokolade und Weichseln dekorieren.

REHRÜCKEN

von Lisl Wagner-Bacher

Zubereitung: 30 Min.
Backen: 40 Min.

**Zutaten für 18 Stück
1 Rehrückenform,
ca. 30 cm lang):**

75 g Biskotten
150 g Haselnüsse (gemahlen)
6 Eier
250 g PHILADELPHIA
mit Milka
1 Prise Salz
100 g Zucker
100 g dunkle Schokolade
50 g Butter
30 g Mandeln (in Stiften)
Butter und Mehl für die Form

Mein Tipp:
Rösten Sie die Mandelstifte im Backofen kurz mit. Wer keine Rehrückenform hat, bäckt mit der gleichen Teigmenge einfach einen köstlichen Schokoladenkuchen in einer Springform, Durchmesser ca. 26 cm.

Zubereitung:

1. Backofen auf 150 °C (Umluft) vorheizen. Biskotten in einen Gefrierbeutel geben, Beutel verschließen und den Inhalt mit dem Nudelholz oder den Händen fein zerbröseln, mit den Haselnüssen mischen.

2. Eier trennen. Eidotter und PHILADELPHIA mit dem elektrischen Handmixer schaumig rühren. Eiklar mit einer Prise Salz zu festem Schnee schlagen, Zucker dabei nach und nach einrieseln lassen. Abwechselnd mit der Brösel-Nuss-Mischung unter die PHILADELPHIA-Masse heben. Masse bis unter den Rand in eine gefettete, bemehlte Rehrückenform füllen und ca. 40 Minuten backen. Bei der Stäbchenprobe darf kein flüssiger Teig mehr am Stäbchen haften, auskühlen lassen.

3. Für die Glasur Schokolade bei kleiner Hitze im Topf schmelzen, Butter einrühren. Rehrücken mit noch lauwarmer Schokoglasur glasieren und mit den Mandelstiften spicken.

Pro Stück: ca. 912 kJ / 218 kcal, E 5 g, F 14 g, KH 18 g

GEBACKENE ORANGENTORTE

Zubereitung: 25 Min.
Backen: 1 Std.
Kühlen: 1 Std.

Zutaten für 16 Stück:

150 g Vollkornkekse
200 g Butter (zimmerwarm)
3 Eier
1 Prise Salz
2 Orangen
700 g PHILADELPHIA
mit Milka (4 Pkg. à 175 g)
50 g Mehl

Pro Stück: ca. 1238 kJ / 296 kcal,
E 5 g, F 18 g, KH 29 g

Zubereitung:

1. Backofen auf 160 °C (Umluft) vorheizen. Kekse in einen Gefrierbeutel füllen, Beutel verschließen und den Inhalt mit einem Nudelholz oder den Händen vollständig zerbröseln. 80 g Butter schmelzen, mit den Bröseln vermischen und in eine mit Backpapier ausgelegte Springform drücken.

2. Eier trennen. Eiklar mit 1 Prise Salz steif schlagen und beiseitestellen. Mit der Küchenreibe von einer Orange die Schale abreiben. Orangenschale, Eidotter und übrige Butter mit dem elektrischen Handmixer cremig aufschlagen.

3. PHILADELPHIA und Mehl unterrühren, anschließend den Eischnee unterheben. Creme in die Springform geben und die Torte im Ofen 1 Stunde backen. Anschließend im abgeschalteten Ofen 1 weitere Stunde komplett auskühlen lassen, dafür die Ofentür einen Spalt öffnen.

4. Vor dem Servieren von der zweiten Orange mit einem Zestenreißer etwas Orangenschale abziehen. Beide Orangen dick schälen und in Scheiben schneiden. Zesten und Orangenscheiben mit der gebackenen Orangentorte anrichten.

RASPBERRY WHITE CHOCOLATE CHEESECAKE

von Katrin Siedl, 1130 Wien

Zubereitung: 30 Min.
Backen: 45 Min.
Kühlen: 3 Std.

Zutaten für 16 Stück:

200 g Butterkekse
80 g Butter
4 Tropfen Bittermandelaroma
30 g Mandeln (gemahlen)
125 g Milka Weiße Schokolade
1 Vanilleschote
875 g PHILADELPHIA
Natur Balance
(5 Pkg. à 175 g)
80 g Zucker
4 Eier
3 TL Mehl (gehäuft)
150 g Himbeermarmelade
(am besten ohne Kerne)

Zubereitung:

1. Butterkekse in einen Gefrierbeutel füllen, Beutel verschließen und den Inhalt mit dem Nudelholz oder den Händen vollständig zerbröseln. Butter schmelzen, mit 1 Tropfen Bittermandelaroma, gemahlenen Mandeln und Keksbröseln mischen und in eine mit Backpapier ausgelegte Springform drücken.

2. Backofen auf 175 °C (Umluft) vorheizen. Schokolade in der Mikrowelle bei geringer Leistung oder im Topf bei schwacher Hitze schmelzen, etwas abkühlen lassen.

3. Inzwischen Vanilleschote auskratzen. PHILADELPHIA mit Vanillemark, Zucker, Eiern und 3 Tropfen Bittermandelaroma mit dem elektrischen Handmixer cremig aufschlagen, Mehl unterschlagen, Schokolade zugeben und ebenfalls unterschlagen.

4. Die Hälfte der PHILADELPHIA-Creme in die Springform geben. Die Hälfte der Himbeermarmelade darauf verteilen. Restliche PHILADELPHIA-Masse darübergeben, verbliebene Himbeermarmelade daraufgeben und verstreichen. Im Ofen ca. 45 Minuten backen, bis die Oberseite ganz leicht gebräunt ist. Mindestens 3 Stunden kühlen.

Pro Stück: ca. 1272 kJ / 304 kcal, E 9 g, F 17 g, KH 29 g

ERDNUSSBUTTER-BROWNIES

Zubereitung: 25 Min.
Backen: 20 Min.

Zutaten für 24 Stück:

350 g PHILADELPHIA
mit Milka (2 Pkg. à 175 g)
150 g Erdnussbutter (cremig)
5 Eier
175 g Margarine
250 g Zucker
175 g Mehl
60 g Backkakao
1 TL Backpulver

Zubereitung:

1. Backofen auf 180 °C (Umluft) vorheizen. PHILADELPHIA, Erdnussbutter und 2 Eier cremig aufschlagen.

2. Margarine, Zucker, Mehl, übrige Eier, Kakao und Backpulver mit dem elektrischen Handmixer zu einem glatten Teig vermengen.

3. Dunklen Teig auf ein gefettetes Backblech verteilen. PHILADELPHIA-Erdnuss-Creme daraufgeben und die Teigschichten mit einer Gabel leicht marmorieren. Brownies im Ofen 20 bis 25 Minuten backen, abkühlen lassen und in Stücke schneiden.

Pro Stück: ca. 929 kJ / 222 kcal, E 5 g, F 13 g, KH 22 g

ZIMTSCHNECKEN

von Christa Kelch, 1020 Wien

Zubereitung: 15 Min.
Backen: 15 Min.

Zutaten für 12 Stück:

100 g brauner Zucker
2 TL Zimt
1 Croissant- & Plunderteig (Fertigteig aus dem Kühlregal)
75 g Butter (weich)
175 g PHILADELPHIA Natur Balance
100 g Staubzucker
1 Pkg. Vanillezucker
1 Prise Salz
1 Spritzer Zitronensaft

Zubereitung:

1. Backofen auf 160 °C (Umluft) vorheizen. Zucker und Zimt mischen. Plunderteig ausrollen, mit 50 g Butter bestreichen und mit Zimt-Zucker-Mischung bestreuen.

2. Teig einrollen und in 12 Stücke schneiden. Auf ein mit Backpapier belegtes Blech legen, mit Wasser bestreichen und 15 bis 20 Minuten goldgelb backen.

3. Inzwischen PHILADELPHIA mit 25 g Butter, Staubzucker, Vanillezucker, 1 Prise Salz und 1 Spritzer Zitronensaft cremig rühren. Die noch warmen Zimtschnecken mit der PHILADELPHIA-Creme bestreichen und genießen.

Pro Stück: ca. 1079 kJ / 258 kcal, E 3 g, F 13 g, KH 31 g

ZUR PERSON:
Lisl Wagner-Bacher

Die Wachauerin Lisl Wagner-Bacher gilt als Grande Dame der österreichischen Küche. 1979 übernahm sie das Landhaus Bacher in Mautern von ihren Eltern. Sie ist bereits seit 1981 im Guide Gault Millau vertreten. 1983 wurde sie vom Gault Millau zum ersten „Österreichischen Koch des Jahres" gekürt, 1988 eroberte sie die dritte Gault-Millau-Haube, die sie seit 1995 mit 18 Punkten hält.

Auch andere Restaurantguides würdigen die ausdrucksstarke und zugleich harmonisch feinfühlige Küche, die bei aller Kreativität immer das lustvolle Genießen in den Mittelpunkt stellt. Man schmeckt die Region, ohne dass sich Lisl Wagner-Bacher internationalen Spitzenprodukten verschließen würde. Und man ist eingebunden in den gesunden Rhythmus der Jahreszeiten, der in feinster Qualität nicht nur bei Gemüsen und raffinierten Beilagen zum Ausdruck kommt. Dem À-LA-CARTE-Magazin war dies schon 1991 die „Trophée Gourmet für kreative Küche" wert, im aktuellen À-LA-CARTE-Guide wurde das Landhaus Bacher mit 97 von 100 möglichen Punkten ausgezeichnet. Im 2005 bis 2009 erschienenen Michelin-Führer Österreich wurde das Landhaus Bacher mit 2 Sternen ausgezeichnet. Der Falstaff vergab aktuell 99 von 100 Punkten. Als einzige Frau Europas wurde Lisl Wagner-Bacher im Schlemmeratlas mit 5 Kochlöffeln ausgezeichnet.

Die Familie ist Lisl Wagner-Bacher eine der wichtigsten Kraftquellen. Wobei sie auch ihre Gäste am liebsten als ihre große Familie sieht, für die sie als Hausfrau der besonderen Art mit Freude und Begeisterung am Herd steht.

Daneben schöpft die Spitzenköchin auch aus der Kulturlandschaft Wachau Kraft und Inspiration. Denn Mautern, die Heimat des Landhauses Bacher, bildet den Eingang der Wachau – eine der schönsten Landschaften Europas und UNESCO-Weltkulturerbe. Lisl Wagner-Bachers Refugium wurde dort zu einer internationalen Pilgerstätte für Liebhaber feinster Küche und außergewöhnliche Weine. Wer in einem der zauberhaften Landhaus-Zimmer übernachtet, wird darüber hinaus mit dem himmlischen „Bacher-Frühstück" verwöhnt. Für genussvolle längere Aufenthalte empfehlen sich verschiedene Arrangements und auch die beliebten Kochkurse.

www.landhaus-bacher.at

GLOSSAR

Biskotten	Löffelbiskuit
Dörrzwetschken	Dörrpflaumen
Eidotter	Eigelb
Eierschwammerl	Pfifferlinge
Eiklar	Eiweiß
Erdäpfel	Kartoffeln
Faschiertes	Hackfleisch
Fleckerl	quadratische Teigwaren
Geselchtes	Kasseler
Griffiges Mehl	Unter „griffigem" Mehl wird Mehl mit einem höheren Ausmahlungsgrad verstanden. Den Ausmahlungsgrad bezeichnet die Type, zum Beispiel Type W700.
Heidelbeere	Blaubeere
Jungzwiebel	Frühlingszwiebel
Karotte	Möhre
Kipfler	österreichische Salatkartoffelsorte
Kohl	Wirsing
Kren	Meerrettich
Lauch	Porree
Marille	Aprikose
Melanzani	Aubergine
Obers	Sahne
Paradeiser	Tomate
Philadelphia Liptauer mild	spezielle österreichische Philadelphia-Sorte
Püree	Brei
Rahm	Saure Sahne
Sauerrahm	Saure Sahne
Schlagobers	Schlagsahne
Semmelbrösel	Paniermehl
Suppe	Brühe